AF332798

LETTRE de M. BERTRAND DE MOLEVILLE, *ci-devant Miniſtre de la Marine, au Préſident de la Convention Nationale.*

Londres, le 6 Novembre, 1792.

MONSIEUR LE PRÉSIDENT,

QUOIQUE le droit de réſiſter à l'oppreſſion comporte néceſſairement celui de la fuir, lorſque tous les moyens de réſiſtance ſont anéantis ; comme il ne répugne pas moins à mon caractère, qu'à mes principes, de fuir mes ennemis, & de déſerter ma Patrie, je m'empreſſe de dénoncer moi-même à la Convention Nationale, mon abſence momentanée du Royaume, & les circonſtances impérieuſes qui l'ont rendue indiſpenſable ; elles ſont détaillées dans l'Acte dont la teneur s'enſuit.

" L'AN 1792, & le 11 Octobre. Nous
" Antoine-François Bertrand de Moleville, ci-
" devant Miniſtre d'Etat au Département de la
" Marine, ayant éprouvé, de la part de tous les
" Officiers publics auxquels nous nous ſommes
" adreſſés, le refus le plus formel de retenir &
" expédier aucun acte de notre volonté, dans la
" crainte de ſe compromettre, attendu les cir-
" conſtances, avons rédigé, & écrit de notre
" main, la Déclaration ſuivante, pour ſervir &
" valoir ce que de raiſon, en attendant que notre
" poſition nous permette de lui donner une
" forme plus authentique.

" Objet d'une perſécution auſſi injuſte que
" barbare ; ſignalé comme ſuſpect des plus
" grands crimes, quand je n'ai pas à me repro-

A

« cher la faute la plus légère, & quand on n'a pas
« l'ombre d'une preuve à m'oppofer ; réduit à me
« cacher, depuis plus de deux mois, pour fouf-
« traire ma tête au fer des affaffins, je devois
« efpérer, fans doute, qu'après un auffi long terme,
« leur rage feroit enfin appaifée : mais l'heureux
« hafard qui m'en a préfervé, n'a fait que l'irriter
« encore davantage. Non content des attentats
« dirigés contre ma perfonne, & exercés contre
« mes propriétés, le Comité de Surveillance de la
« Commune n'a pas balancé à faire arrêter mes
« deux Frères, fans preuves, fans indices, fans
« dénonciation quelconque, & à les faire jetter
« dans les cachots de l'Abbaye & de la Force,
« quelques jours avant l'époque fixée pour le
« maffacre des prifonniers ; & fur les repréfen-
« tations que le plus jeune des deux effaya de
« faire contre l'inégalité d'un emprifonnement
« fans motifs, le Commiffaire qui l'interrogeoit
« ofa lui faire cette réponfe révoltante : *Les gens*
« *de votre efpèce ont affez ufé des lettres-de-cachet*
« *du defpotifme, il eft temps qu'ils connoiffent les*
« *lettres-de-cachet populaires.* Heureufement le
« peuple, moins altéré de mon fang, même
« dans l'affreufe journée du 2 Septembre, a eu
« la juftice d'épargner le fang de mes frères, &
« de proclamer leur innocence. Mes ennemis,
« trompés encore une fois dans leurs efpérances
« homicides, ont fait une nouvelle tentative,
« dont l'horrible fuccès a mis le comble à mon
« malheur ; ils ont, tout récemment, fait mettre
« le feu au Château qui étoit la principale habi-
« tation de ma famille ; tous les titres, meubles
« & effets qui y étoient renfermés, ont été la
« proie des flammes ; & mon malheureux Père,
« dévoré par le chagrin que lui caufoit la pofition

“ critique de ses trois enfans, n'a pas pu résister
“ à cette dernière catastrophe : peu de jours
“ après en avoir reçu la nouvelle, nous avons
“ appris que la mort venoit de nous enlever ce
“ vieillard, moins respectable encore par son âge,
“ que par ses vertus.

“ Accablé sous le poids de tant de calamités,
“ & ne pouvant pas supporter l'idée d'être même
“ innocemment la cause d'un échec aussi consi-
“ dérable dans la fortune de mes Frères, je n'ai
“ pas dû balancer un instant à prendre le seul
“ parti qui puisse les en dédommager : en consé-
“ quence je leur ai déjà déclaré, & je leur déclare
“ & notifie de nouveau, par le présent acte, que
“ je renonce, formellement, à la succession de mon
“ Père, en quoi qu'elle consiste ou puisse con-
“ sister ; & que je donne mon consentement, pur
“ & simple, à ce qu'elle soit partagée entre eux,
“ conformément à la loi, comme si je n'existois
“ pas : & attendu que ma position actuelle me
“ prive de tous les moyens de donner à cette
“ déclaration l'authenticité nécessaire pour en
“ assurer la validité, parce qu'aucun Notaire
“ n'ose me prêter son ministère, dans la crainte de
“ se compromettre ; & que la succession de mon
“ Père étant ouverte depuis plusieurs jours, ne
“ peut pas rester plus long-temps en suspens,
“ je promets & m'oblige d'aller chercher, le
“ plutôt qu'il me sera possible, dans une terre
“ étrangère, mais non ennemie, un officier public
“ qui veuille recevoir le dépôt du présent acte,
“ que je termine par la déclaration solemnelle,
“ Que loin de vouloir abandonner ma Patrie,
“ où je laisse tout ce qui m'est cher pour garant
“ de mon retour, je serai très-empressé d'y ren-
“ trer, aussitôt que l'impunité des plus grands

" crimes n'y fera plus regardée comme une des
" prérogatives de la liberté.

" Fait à Paris, les jour & an que deffus : &
" copie du préfent, écrite & fignée de ma main
" comme l'original, a été par moi remife, ledit
" jour, à mes deux Frères, en attendant l'expé-
" dition en forme, que je leur enverrai incef-
" famment.

" Signé DE BERTRAND."

PRESSÉ de remplir un engagement auffi facré, & défirant d'ailleurs, depuis long-temps, de connoître une Nation fage, heureufe, jufte, & vraiment libre, je fuis parti pour l'Angleterre. Mon premier empreffement, en y arrivant, a été de faire expédier, en forme authentique, par le Notaire de la Légation de France, ma Rénonciation à la fucceffion de mon Père, & de l'adreffer à mes Frères.

Tels font les feuls motifs de mon départ. Il eft affez évident en effet, que, fi les inquiétudes les plus fondées fur ma fureté perfonnelle avoient été capables de me déterminer à fortir du royaume, je n'aurois pas différé auffi long-temps de profiter des mêmes moyens que je viens d'employer, & qui ont toujours été en mon pouvoir; car j'ai été inftruit, dans le temps, de tous les mouvemens qu'on s'eft donnés, des recherches fans nombre qui ont été faites pour découvrir le lieu de ma retraite, & tâcher de me conftituer prifonnier, foit à la Force, foit à l'Abbaye, foit à Orléans, avant l'époque à jamais exécrable du 2 Septembre.

Quel peut donc être le motif d'un acharnement auffi perfévérant ? C'eft ce qu'il eft difficile d'expliquer quand on confidère que les perfécutions fans ceffe renaiffantes que j'ai éprouvées pendant mon miniſtère, n'ont pu produire qu'un Mémoire, dont toutes les preuves avoient pour baſe unique trois aſſertions, démontrées fauſſes par les pièces même du rapport, ainſi que je l'ai conſtaté dans mon Compte (page 5 & ſuivantes); & ce Mémoire, adreſſé au Roi par l'Aſſemblée Nationale, avoit pour objet de prouver que je ne méritois pas la confiance de la Nation, quoique cette propoſition eût été formellement rejettée, la veille, par un Décret rendu après un appel nominal.

S'il pouvoit reſter encore quelques doutes ſur mon irréprochabilité, j'oſe dire qu'ils ſeroient tous levés par le Décret même d'accuſation, rendu le 16 Août dernier, contre les perſonnes qui occupoient le miniſtère le 11 Novembre précédent, & par conſéquent contre moi. Ce Décret eſt fondé uniquement ſur quelques énonciations auſſi vagues qu'inſignifiantes, haſardées dans un bulletin anonyme, apocryphe, & d'une écriture inconnue, qu'on dit avoir été trouvé chez le Roi, dans la journée du 10. Il faut être bien pur, & bien exempt du moindre tort réel, pour obtenir l'honneur d'être accuſé d'un délit imaginaire, ſur une pièce ſi évidemment indigne de foi ſous tous les rapports, que, devant le tribunal le plus rigoureux, elle n'auroit pas même la conſiſtance du plus léger indice.

Je ne me diſſimule pas néanmoins, que, dans le moment terrible où les loix étoient ſans force, la juſtice ſans miniſtres, & l'innocence ſans appui, où le peuple, croyant voir par-tout des conſpirateurs, ou des traîtres, ne reſpiroit que vengeance, un décret d'accuſation, violemment provoqué par les clameurs des tribunes contre pluſieurs miniſtres, pouvoit être conſidéré comme un moyen d'appaiſer l'efferveſcence générale. Je conviens auſſi que les mêmes circonſtances s'oppoſoient

également au succès des réclamations que j'adres-
sai au Corps Législatif, contre ce décret, quatre
jours après qu'il eut été rendu ; mais aujourd'hui
que le rétablissement de l'empire de la justice &
des loix est ardemment désiré par tous les citoyens ;
que le peuple, indigné des écarts dans lesquels
il a été entraîné, attend & sollicite la punition
des scélérats qui ont abusé de sa confiance, au
point de le rendre l'instrument de leur barbarie,
de leurs vengeances personnelles, ou de leur
cupidité ; il n'est pas possible qu'un Décret
d'accusation, déterminé, arraché par des circons-
tances toutes contraires, soit maintenu, non-seule-
ment parce que ce seroit consacrer une injustice
révoltante, mais parce que la dignité de la Nation
Françoise ne permet pas à ses Représentans d'in-
tenter en son nom une accusation capitale sur
des soupçons vagues & dénués de toute espèce
de preuve. L'abus le plus effrayant que les
Membres des Assemblées Nationales pourroient
faire de leur non-responsabilité, seroit sans doute
de se jouer impunément par des décrets d'accusation peu réfléchis, de l'honneur & de la liberté
des citoyens, on peut même dire, de leur vie,
après les massacres sans nombre, dont le souvenir
horrible souillera éternellement la mémoire des
derniers momens de l'existence de la Législature
précédente. De quels regrets, de quels remords
ne doivent pas être tourmentés ceux de ses membres qui, pour avoir trop légèrement provoqué
des décrets d'accusation, ou concouru par leur
suffrage à les faire passer, ont à se reprocher d'avoir
dévoué à la mort la plus atroce, une infinité de
victimes, dont quelques-unes étoient absolument
innocentes, & dont le plus grand nombre n'au-
rot jamais pu être condamné à une peine capitale,
d'après le titre même de l'accusation !

Fermement convaincu que la Convention Nationale ne voudra pas s'expofer à de femblables regrets, j'ai l'honneur de vous adreffer mes réclamations contre le décret du 16 Août ; & je vous prie, Monfieur, de les mettre fous les yeux de l'Affemblée. J'ofe efpérer qu'elle y aura égard ; & afin que mes ennemis ne puiffent pas y mettre obftacle en renouvelant les inculpations calomnieufes qui ont fervi de motif à toutes les vexations qu'ils m'ont fait éprouver, & particulièrement aux recherches auffi violentes qu'infructueufes, qui ont été faites, non-feulement chez moi, mais chez mes parens, & chez mes voifins, fous prétexte de trouver des preuves de mes relations, prétendues criminelles avec la Cour, & de ma complicité dans les confpirations, vraies ou fauffes, dont on l'accufe. Je vous préviens, Monfieur, que j'adrefferai, inceffamment, à l'Affemblée, une Déclaration authentique de tous les faits importans, & ignorés, dont j'ai eu connoiffance pendant & depuis mon miniftère, & qui ont quelque rapport aux circonftances préfentes : j'indiquerai les témoins, ou les preuves, de tous ceux que l'Affemblée voudra approfondir. Je dirai tout ce que je fais ; & ce que je dirai, pourra conduire à des découvertes très-intéreffantes.

Signé " DE BERTRAND."

RÉCLAMATION adreſſée à la Convention Nationale, par M. BERTRAND DE MOLEVILLE, ci-devant Miniſtre de la Marine ; contre le Décret d'Accuſation du 16 Août dernier, rendu contre les anciens Miniſtres.

LE pouvoir d'accuſer ſans preuve quelconque, & celui de punir ſans jugement légal, ſont les attributs les plus révoltans du Deſpotiſme ; aucun de ces pouvoirs ne peut donc exiſter ſous un Gouvernement libre, ſans une violation manifeſte des droits naturels & impreſcriptibles de l'homme, auxquels les Repréſentans de la Nation ſont dans l'heureuſe impuiſſance de porter la moindre atteinte.

La loi doit être la même pour tous, ſoit qu'elle protège, ſoit qu'elle puniſſe, (Déclaration des Droits, Art. VI) ; & les mêmes délits doivent être punis des mêmes peines, ſans aucune diſtinction de perſonnes, (Tit. 1er, Art. 3.)

La réclamation que je forme aujourd'hui, eſt tellement fondée ſur ces baſes eſſentielles du droit naturel, qu'il n'eſt pas poſſible de la rejetter ſans les anéantir.

Le 16 Août dernier, ſur la ſimple lecture d'une note prétendue trouvée dans la chambre du Roi, & datée du 11 Novembre précédent, il a été rendu, ſans examen, ni diſcuſſion préalable ſur la forme de cette pièce, ni ſur ſes réſultats, un décret d'accuſation contre toutes les perſonnes qui compoſoient alors le Miniſtère, & par conſéquent contre moi.

Cette note eſt intitulée : " Projet du Comité " des Miniſtres, concerté avec MM. Alexandre " Lameth & Barnave."

Je dois d'abord déclarer & affirmer, ſans craindre d'être démenti, 1o, Que je n'ai jamais

connu MM. Lameth ni Barnave; j'ai vu feulement ce dernier une fois chez moi, dans les
premiers jours de mon Miniſtère, relativement
aux affaires des Colonies, dont il avoit été rap-
porteur. Je ne l'ai pas revu depuis, & j'ignore
ce qu'il eſt devenu.

2º, Que je n'ai eu aucune connoiſſance quelconque de la note dont il s'agit, ni de ſon con-
tenu, & que, pendant mon miniſtère, il n'en a
jamais été queſtion, ſoit au Conſeil, ſoit dans
aucun des Comités de Miniſtres auxquels j'ai
aſſiſté.

Cette affirmation ne feroit fans doute d'aucun
poids contre une preuve acquiſe ; mais il eſt aſſez
évident que je n'ai pas même ici le plus léger
indice à combattre. Il faudroit en effet, pour
que cette pièce pût être conſidérée comme un
indice, qu'elle fût écrite de la main du Roi, ou
de celle d'un de ſes Miniſtres ; car ſi, pour être
réputé criminel, il ſuffiſoit d'être nommé ou
déſigné dans un écrit quelconque, trouvé dans
l'appartement, ou dans le ſecrétaire du Roi,
quel eſt le Citoyen honnête qui ne trembleroit
pas de ſe trouver compromis, en penſant que
dans la matinée du 10, cet appartement & ce
ſecrétaire ont été ouverts à tous ceux qui ont
voulu y entrer, & y fouiller, & auxquels il étoit
auſſi facile d'y gliſſer des papiers, que d'en
enlever ?

Mais quand même la note dont il s'agit feroit
écrite de la main du Roi, ou d'un de ſes Miniſtres,
& que ce fait, dont les Commiſſaires prépoſés à
la levée des ſcellés n'ont pas parlé, feroit bien
conſtaté, il reſteroit encore à examiner, ſi le projet
prétendu concerté par les Miniſtres avec MM.
Barnave & Lameth, étoit véritablement contraire
aux intérêts de l'Etat ; car un projet évidemment
avantageux à la Nation, ne feroit certainement
pas un crime aux yeux de ſes Repréſentans, par
quelques perſonnes qu'il eût été concerté.

Le 1er article de cette note, & fans doute celui qui a fait l'impreffion la plus grave, ne contient que ces mots :

1º. Refufer la fanction.

Sur une énonciation auffi vague & auffi générale, je me bornerai à obferver que la fanction étant un droit effentiellement inhérent à la Royauté, & dont le Monarque étoit perfonnellement invefti par la Conftitution, non comme chef du Pouvoir Exécutif, mais en fa qualité de Repréfentant de la Nation, je n'ai jamais vu, pendant mon Miniftère, l'exercice de ce droit foumis aux délibérations du Confeil ; le Roi entendoit feulement, fur les decrets de détail, les obfervations que pouvoit avoir à lui faire le Miniftre du Département qu'ils concernoient, & il fe décidoit, fur les autres, d'après fes lumières, & fa confcience. Ces faits & ces principes, dont l'exactitude ne fauroit être conteftée, démontrent combien il feroit injufte & inconftitutionnel de prononcer fur un refus de fanction, un décret d'accufation contre des Miniftres auxquels cet acte eft abfolument étranger, & entièrement hors de leur refponfabilité, foit qu'ils aient été confultés fur la fanction, foit qu'ils ne l'aient pas été.

Les quatre articles fuivans énoncent différentes démarches, dont quelques-unes n'ont pas été faites.

Le furplus de cette note affigne au Miniftre de la Juftice, à celui des Affaires Etrangères, à celui de la Guerre, & à celui de l'Intérieur, des rôles qu'aucun d'eux n'a remplis ; il n'y eft fait aucune mention du Miniftre des Impofitions, ni de celui de la Marine.

Ainfi, quand même cette pièce feroit authentique, on n'y trouveroit pas le plus léger indice d'un projet quelconque, concerté avec eux. Voilà à quoi fe réduit cet écrit, dont la feule lecture a fait prononcer, par acclamation, un décret d'accufation contre tous les Miniftres qui étoient en place au mois de Novembre dernier. Il n'eft pas étonnant, fans doute, que dans des momens d'orage & d'irritation générale, l'annonce d'un complot, concerté entre les Miniftres, & des perfonnes fignalées comme fufpectes, ait entraîné violemment toutes les opinions au parti le plus févère ; mais autant ce mouvement a pu, fous ce point de vue, paroître louable dans fes motifs, autant il feroit oppreffif dans fes effets, s'il n'étoit pas dirigé & modéré par les principes d'une juftice auffi exacte que rigoureufe. Heureufement l'acte d'accufation n'a pas été rédigé, & par conféquent il eft temps encore de foumettre à un examen froid & réfléchi cette note apocryphe, deftinée à fervir de bafe à l'accufation la plus confidérable, qui puiffe être intentée par les Repréfentans de la Nation, puifque fon effet néceffaire eft d'entacher fix Miniftres à la fois, du foupçon de haute trahifon, & d'appeler fur leurs têtes, & fur leurs propriétés, toute la fureur des vengeances populaires.

En rapprochant la note dont il s'agit, des événemens qui fe font paffés à l'époque indiquée par fa date, il eft aifé de reconnoître qu'elle ne peut fe rapporter qu'au meffage du 12 Novembre, dont l'objet étoit effectivement d'annoncer le refus de fanction d'un décret relatif aux Emigrés ; la proclamation qui fut publiée contre eux le même jour, & les réquifitions adreffées aux Puiffances pour empêcher leur raffemblement ; que par conféquent ce bulletin rédigé d'après les conjectures & les propos publics, qui avoient précédé cette démarche, n'eft & ne peut être autre chofe qu'une feuille de ces nouvelles à la main dont il exiftoit alors plufieurs rédacteurs, qui, quoique moins inftruits que la plupart des journaliftes, faifoient payer leurs nouvelles beaucoup plus cher, parce qu'elles étoient manufcrites.

Après avoir ainfi démontré qu'un écrit auffi indigne, à tous égards, de fixer l'attention du Corps Légiflatif, peut encore moins fervir de bafe à une accufation capitale intentée en fon nom, j'oferai réclamer en ma faveur le bénéfice des formes fagement établies, & conftamment obfervées, jufqu'à ce jour, en matière de dénonciations. Il étoit fans exemple, avant le 16 Août dernier, qu'un décret d'accufation eût été rendu, même contre un Miniftre, fans que les pièces produites, & les faits articulés contre l'accufé, euffent été examinés & vérifiés par un Comité, auquel l'accufé pouvoit adreffer fes pièces & moyens juftificatifs : tout récemment encore, une inculpation, injufte fans doute, mais très-grave, & appuyée de pièces plus ou moins probantes, avoit été formée contre M. Servan ; le Corps Légiflatif ne balança pas à en renvoyer l'examen à un de fes Comités ; & en attendant que le rapport qui devoit en être fait, l'eût complettement juftifié des prévarications dont il étoit accufé, l'Affemblée s'interdifit fi fcrupuleufement toute opinion défavorable à M. Servan, qu'elle le rappela au Miniftère.

Fondé fur cet exemple, & fur la Déclaration des Droits de l'Homme, que le nouvel ordre de chofes n'a point anéanti, & dont l'Article VI porte : *Que la Loi doit être la même pour tous, foit qu'elle protège, ou qu'elle puniffe* ; je demande que le Décret du 16 Août dernier foit rapporté ; qu'en conféquence, la Note du 11 Novembre, trouvée dans les papiers du Roi, foit renvoyée à un des Comités de la Convention Nationale, pour être ftatué, fur fon rapport, ainfi qu'il appartiendra.

Si, fur ce rapport, le Décret d'accufation eft confirmé, exempt de crainte, comme de tout reproche, je m'emprefferai d'y obéir avec la foumiffion que tout bon citoyen doit à la Loi, auffi-tôt que fon empire fera parfaitement rétabli.

Signé DE BERTRAND.